INVENTAIRE
Q8064

Q

BIBLIOTHÈQUE HUZARD.

ORDRE DES VACATIONS

DE LA

VENTE PUBLIQUE AUX ENCHÈRES

Qui commencera le lundi 6 mars 1843, et continuera les jours suivants, six heures précises de relevée,

MAISON DE M. HUZARD,

RUE DE L'ÉPERON, 7.

BIBLIOTHÈQUE—HUZARD.

NOTICE

SUR

LA BIBLIOTHÈQUE DE J.-B. HUZARD,

ANCIEN INSPECTEUR GÉNÉRAL DES ÉCOLES VÉTÉRINAIRES; MEMBRE DE L'INSTITUT ROYAL DE FRANCE (ACADÉMIE DES SCIENCES); DU CONSEIL DE SALUBRITÉ; DE L'ACADÉMIE ROYALE DE MÉDECINE; DU CONSEIL SUPÉRIEUR ET DE LA SOCIÉTÉ ROYALE ET CENTRALE D'AGRICULTURE; DES ORDRES DE SAINT-MICHEL ET DE LA LÉGION D'HONNEUR.

« J'ai commencé, il y a plus de soixante ans, à réunir
« pour mes études une suite d'ouvrages sur toutes les par-
« ties de la science vétérinaire et des sciences qui s'y rat-
« tachent.

« Cette collection, que je croyais d'abord devoir se borner
« à quelques ouvrages, est devenue successivement, et par
« les accessoires, une masse de plus de trente mille vo-
« lumes.

« Elle se compose de tout ce qui concerne les animaux
« domestiques (oiseaux et insectes compris), ceux qui ser-
« vent à nos plaisirs, à nos aliments, les animaux nuisibles,
« ceux qui sont employés contre nos maladies, etc.; elle
« les embrasse dans leur génération, dans leur anatomie,
« dans leur beauté extérieure, dans les soins qu'ils exigent
« en santé, en maladie, dans les services qu'on en retire,
« dans les produits qu'ils donnent durant leur vie et après
« leur mort, enfin dans leur place parmi les autres animaux
« de la création. »

Voilà ce qu'écrivait M. Huzard quelques années avant sa mort (1).

En effet, la bibliothèque se recommande comme un ensemble unique jusqu'à présent, et qu'aucun autre savant ne pourra peut-être refaire, parce qu'il ne se trouvera plus dans des circonstances aussi favorables.

Huzard a commencé à acheter des livres à seize ans, et il a continué pendant toute sa vie, jusqu'à quatre-vingt-quatre ans. Le commerce étendu de librairie de Mme Huzard (née Vallat-la-Chapelle), son épouse, mettait entre ses mains tous les catalogues de vente et tous ceux des libraires français et étrangers ; de plus, les relations d'Huzard avec ses confrères de l'Institut et avec d'autres savants de France et de l'Europe lui faisaient connaître ceux des bibliothèques publiques et particulières ; enfin ses voyages en Italie, en Suisse et sur les bords du Rhin l'ont mis à portée de fouiller les vieilles librairies des villes où il s'est arrêté. Peu d'ouvrages publiés en français sur les sciences dont il s'occupait ont donc échappé à sa connaissance : il en a été de même des plus importants en langues étrangères.

Tous ceux qui traitent de médecine vétérinaire étaient achetés par lui à quelque prix et dans quelque langue que ce fût ; il en était de même des ouvrages sur les haras, l'équitation et la cavalerie, et de ceux qui traitent de l'éducation des bêtes bovines, ovines, et autres animaux domestiques, parmi lesquels il rangeait les abeilles et les vers à soie.

Sa bibliothèque sous ce rapport est donc la plus complète qui ait jamais existé ; et M. Matthieu Bonafous, de Turin, auteur d'une bibliographie séricicole inédite, et qui vient de faire faire la notice des seuls ouvrages qui traitent des vers à soie et des mûriers, dans le but de comparer sa collection très-nombreuse sur cette matière à celle d'Huzard, a trouvé dans celle-ci 173 ouvrages qu'il ne possède pas.

(1) Huzard est décédé le 1er décembre 1838.

Après la bibliothèque vétérinaire vient la bibliothèque agricole. Tous les ouvrages d'agriculture dans lesquels il est question de nos animaux domestiques étaient achetés par Huzard; et, comme on le sait, tous les ouvrages qui traitent de grande culture parlent de ces animaux sous divers rapports.

De plus, tous ceux d'agriculture générale ou particulière qui venaient d'une manière ou d'autre dans la librairie de Mme Huzard, et qu'il n'avait point, passaient de droit dans sa bibliothèque ; on y retrouve donc à peu près tous les ouvrages rares d'agriculture qui faisaient partie des diverses bibliothèques qui ont été vendues en France dans l'espace d'un demi-siècle.

Là ne se sont pas bornés les désirs d'Huzard : une fois sa collection d'ouvrages sur l'histoire naturelle des animaux commencée, il n'était plus possible de s'arrêter ; et cette autre partie, qui d'abord n'était qu'accessoire, est devenue tout aussi intéressante pour lui. A elle seule, elle forme une bibliothèque entière qui, comme collection, ne le cède peut-être à aucune de celles qui ont existé en France : elle est certainement plus nombreuse en anciens ouvrages que n'était celle de *Cuvier*, qui, dans plusieurs circonstances, fut obligé de recourir à celle de son confrère.

Les ouvrages de chasse et de pêche, qui traitent tous plus ou moins de l'histoire des mœurs des animaux, en forment une des divisions ; nous verrons plus loin, en citant des manuscrits qui s'y trouvent, que cette série est peut-être la plus riche sous le rapport de la bibliographie.

La plupart des voyageurs, en donnant la description des parties du monde qu'ils ont parcourues, décrivent les animaux de ces régions : une nombreuse collection de voyages de ce genre vient ajouter à la richesse de la partie d'histoire naturelle.

Enfin les ouvrages anciens et modernes qui traitent de l'anatomie comparée de l'homme et des animaux, et ceux qui traitent de la médecine comparée, font encore partie de cette bibliothèque : un petit nombre d'ouvrages de médecine humaine s'y rattachent, mais en forment une section peu nombreuse; on y remarque cependant des collections, bien rares, d'ouvrages sur la rage, sur le venin de la vipère, sur la vaccine et sur les vers intestinaux.

Ce qui distingue encore d'une manière particulière cette nombreuse collection, c'est le soin avec lequel Huzard a complété les recueils et les ouvrages qui ont paru à diverses périodes, le soin qu'il a mis à y ajouter tous les suppléments, les additions qui s'y rattachent, même d'une manière indirecte; aucune autre, sous ce rapport, ne peut lui être comparée : enfin ce qui est d'un intérêt secondaire pour les savants, mais ce qui n'est pas sans intérêt pour les bibliophiles, c'est le choix même des exemplaires; beaucoup ont été remplacés successivement par de plus beaux, à mesure que les ventes lui en donnaient la facilité.

Ce désir d'avoir des livres, d'abord pour s'instruire, était ensuite devenu de la passion. Dans la semaine, Huzard s'occupait de sa bibliothèque en savant; le dimanche, en bibliomane : il enrichissait alors ses livres de notes, non pas qu'il copiait dans les livres de bibliographie, mais que sa collection lui donnait occasion de faire, et qu'il a communiquées à plus d'un bibliophile : quelques-unes ont même servi à M. Brunet, pour une des éditions de sa *bibliographie*. On se convaincra, du reste, facilement de ce que nous avançons, en parcourant les livres : on y remarquera une foule de notes nouvelles qu'on ne trouve pas dans les bibliographies déjà publiées, et même de rectifications à divers articles de ces ouvrages; quelques-unes de ces notes ont été imprimées dans le *Bulletin du bibliophile*.

Dans une bibliothèque formée avec tant de soins, il doit se trouver un grand nombre de livres rares et curieux; nous allons citer quelques-uns de ceux qui, sous ce rapport, sont les plus remarquables.

On y trouve :

Un manuscrit du xvi⁰ siècle, sur parchemin vélin, concernant la médecine vétérinaire, et enrichi d'une foule de vignettes en or et en couleur : cet ouvrage, intitulé *De la nature et vertu des cheuaux*, est dédié au roi Louis XII : il traite aussi, mais à la fin et d'une manière accessoire, de tous les grands animaux domestiques, de l'éléphant, des mules, du chameau, du dromadaire ; malheureusement il manque quelques feuillets à cette dernière partie.

Un autre manuscrit, sur le même sujet, est en vieux dialecte napolitain : il est également sur parchemin vélin ; il contient deux ouvrages distincts : le premier a peu de dessins ; mais le second en est rempli. Ces dessins, en général, sont peu soignés ; néanmoins on reconnaît que les attitudes de chevaux malades y sont souvent peintes d'après nature. Les figures qui représentent les personnes chargées d'administrer les médicaments sont la plupart cabalistiques et très-curieuses. Une note à la fin du volume, et bien postérieure, indique ainsi son titre : *Tesoro de' cavali dove si trova tutte le infermità che pol vener a cavali con il modo di ben curar.*

D'autres manuscrits sont moins anciens, moins curieux ; mais, sous le rapport de l'histoire de l'art et de la science vétérinaires, ils ne sont pas moins dignes de la bibliothèque.

Ainsi l'un, aussi sur parchemin vélin, en français, petit in-fol., sans figures, est intitulé : *Cy après s'ensuiuent les receptes de plusieurs eutraiz, emplastres, oingnemens et expunens parquoy on puet à laide de Dieu a santé recouurer des maladies qui peuent venir à homme.*

La seconde partie est intitulée :

Cest la mareschancie des cheuaulx.

Parmi les livres on voit : *Hippiatria sive marescalia Laurentii Rusii*, 1532 ; la traduction intitulée : *La mareschalerie de Laurens Ruse, translate de latin en françoys*, 1545 : tous deux petits in-folio.

La traduction des vétérinaires grecs de Ruelle, intitulée :

Veterinariæ medicinæ libri II, Johanne Ruellio suessionensi interprete, 1530 ; aussi petit in-fol.

Les vétérinaires grecs, των ιππιατρικων βιβλια δυω, 1537 ; petit in-4°.

La traduction des vétérinaires grecs de Jean Massé, intitulée l'*Art vétérinaire ou grande maréchallerie, par maistre Jean Massé*, 1563 ; petit in-4°, etc.

Nous ne parlons pas ici des livres modernes.

Parmi les livres d'équitation ou de manége, on remarque :

Préceptes principaux que les bons cavalerisses doivent exactement observer en leurs escoles, etc., composez par le sieur de la Broue. La Rochelle, 1593 ; in-fol., fig.

Le premier ouvrage de *Georg. Engelhart Loeneyssen*, en allemand. Grand in-folio, avec des lettres ornées en bois, des figures en bois et le titre en entier aussi en bois, 1588.

Libro de marchi de cavalli con li nomi di tutti li principi et privati signori che hanno razza di cavalli, fig.; in *Venetia*, 1593, petit in-4°.

Et quelques autres du xvi⁰ siècle, et beaucoup du xvii⁰.

Parmi les ouvrages sur les vers à soie, il est un manuscrit moderne qui mérite une attention particulière. Il paraît être d'un missionnaire en Chine, *le Père d'Incarville*, et semble prouver ce qui est dit dans les *Mémoires concernant l'histoire des sciences, les arts, les mœurs et les usages des Chinois* (t. 2, pag. 580), qu'il y a plusieurs espèces de vers à soie en Chine, dont quelques-unes nous sont inconnues et vivent à l'état de liberté sur les arbres. Il représente, en effet, deux espèces de chenilles autres que notre ver à soie, et d'où sortent des papillons fort différents aussi de nos papillons d'Europe : on y voit leurs coques, leur ponte ; on y a représenté quelques moyens de les préserver des attaques d'autres animaux, leurs ennemis, et enfin quelques appareils pour filer leur soie.

La persévérance qu'Huzard a mise à dire qu'il devait y avoir d'autres vers fileurs que ceux que nous connaissons, et la communication de son manuscrit à plusieurs savants, ont peut-être été pour quelque chose dans les renseignements que le gouvernement fait prendre aujourd'hui en Chine à cet égard.

La collection sur la chasse présente aussi des manuscrits rares et plus précieux encore.

On en trouve un sur parchemin vélin, in-4°, à deux colonnes, *De la vénerie et de la fauconerie du roy Modus*.

Un autre, aussi sur parchemin vélin, dédié au comte du Perche, est intitulé le *Nouvelin de la vénerie* ; il est enrichi d'un grand nombre de belles vignettes coloriées, parmi lesquelles il en est qui représentent les soins à avoir des chiens en santé et en maladie : les autres sont des sujets de chasse : il est parfaitement conservé ; c'est un petit in-folio.

Un autre, aussi sur parchemin vélin et de la plus belle conservation, est la *Faulconnerie de Jehan de Franchieres* : il contient quelques belles vignettes coloriées ; on y trouve le traité des maladies des oiseaux compris dans la fauconnerie : c'est encore un très-beau manuscrit.

Un autre, sur parchemin vélin, et aussi très-beau, mais plus moderne, est intitulé : *Debat entre deux dames sur le passetems des chiens et oyseaux*.

Un autre, qui paraît plus moderne encore, quoique aussi sur parchemin vélin, est le texte grec du poëme d'*Oppian sur la chasse* : c'est un très-beau et très-riche volume.

Plusieurs autres manuscrits sont sur papier.

Parmi les ouvrages imprimés, on remarque différentes éditions du texte grec du *Livre d'Oppian sur la chasse et la pêche*, entre autres une donnée à Florence en 1515, in-12.

La traduction latine des *Halieutiques d'Oppian*, par Laurentius Lippius, imprimée en 1478, de la plus belle conservation ; petit in-4°, dont quelques feuillets servent de témoins.

Sensuyt le liure du roy Modus et de la royne Racio qui parle du deduit de la chasse à toutes bestes sauuaiues, etc., *et aussi les subtilitez Dartherie, contenant plusieurs manières pour prendre toutes sortes d'oyscaulx*, etc. Petit in-4° en lettres gothiques, avec figures en bois, sans date, imprimé à Paris par *Jehan Trepperel.*

La meutte et venerie pour le chevreuil de haut et puissant messire Jean de Ligneuille, etc. A Nancy, M. DC. LV. Petit in-4°. Il existe dans la bibliothèque un très-beau manuscrit, sur papier, de messire Jean de Ligneuille, et dont cet ouvrage n'est qu'un extrait.

Le miroyr de Phebus des deduictz de la chasse aux bestes saulvaiges et des oyseaulx de proye, avec l'art de fauconerie et la cure des bestes et oyseaulx à cela propice. Paris, imprimé par Philippe le Noir, sans date; petit in-4°, lettres gothiques.

Une autre édition très-grand in-4°, avec belles figures en bois, aussi sans date, imprimée à Paris *pour Anthoine Gérard,* etc.

C'est le liure de l'art de faulconnerie et des chiens de chasse, dédié au roi Charles huitième, par *Guillé Tardif;* imprimé à Paris le *cinquiesme iour de janvier mil quatre cens quatre-vingz-douze pour Anthoine Gerard,* etc. : grand in-4°.

La chasse royale composée par le roy Charles IX. A Paris, M. DC. XXV, petit in-8°, etc., etc.

Dans l'histoire naturelle, on remarque un ancien manuscrit sur parchemin vélin, petit in-folio, intitulé : *Prœmium de proprietatibus rerum Petri Bartholomei Anglici* : il est d'une parfaite conservation et d'une très-belle écriture.

Mais c'est surtout par les ouvrages modernes que cette partie se fait remarquer. Nous allons faire quelques citations à cet égard.

On y trouve un volume in-folio contenant plus de 300 coquilles dessinées et peintes par *Aubriet.*

On y voit un manuscrit de *Réaumur,* sur l'anatomie et les mœurs de quelques insectes ; les dessins sont aussi faits par

Aubriet, et on sait combien ce qui est sorti du crayon de ce dessinateur est exact et bien fait. Ce manuscrit, que *George Cuvier* eut occasion de voir chez Huzard, fut vivement désiré par lui ; il renferme une très-longue lettre autographe de Bonnet à Réaumur, sur les fourmis.

On remarque encore les dessins originaux des punaises et des cigales de *Stoll* ; plus, 68 dessins des insectes qui se rapprochent le plus de ces deux familles, tels que les criquets et les spectres, etc., par le même dessinateur : ces dessins sont aussi beaux et aussi bien coloriés.

On y trouve une traduction manuscrite de l'ouvrage de *Sepp* sur les insectes : cette traduction est accompagnée de planches retouchées en couleur ; elle n'a point été publiée et est l'ouvrage de M. *Blondel*, ancien maître des requêtes, elle est en deux volumes in-4°.

Une explication manuscrite en français des planches des quatre volumes et du supplément de l'ouvrage de *Roësel*, sur les insectes, in-4°.

Nous citerons sans ordre, parmi les ouvrages imprimés, une magnifique collection des œuvres du père *Kirker*, de plus de 50 vol. de divers formats, avec une analyse manuscrite en français et détaillée de ces œuvres, par M. *Duchesne*, conseiller référendaire à la cour des comptes, à la vente duquel elle a été achetée : elle forme deux gros volumes in-folio.

Cette collection, qui contient 29 vol. in-fol., — 16 in-4°, — 3 in-8°, parce que le *Tarifa* Kircheriana est relié en deux volumes, — et 2 in-12, est donc plus complète encore que celle de *Patu de Mello* : Huzard y a joint le *Pantometrum Kircherianum* de *Gaspard Schotte*. Herbipoli, 1660, in-4°. — Mais ce qui distingue plus particulièrement cette collection, c'est l'immense travail inédit de M. *Duchesne*.

Description du Danube par le comte de *Marsigli*, 6 grands vol. in-fol., l'édition française ; et l'édition latine originale, aussi 6 vol. gr. in-fol.

Physica sacra Johannis Jacobi Scheuchzeri, 4 vol. in-fol., fig., dont le premier contient seul 225 planches de la gravure la plus belle en taille-douce.

Et l'édition française en 6 vol. avec les mêmes planches; et l'édition hollandaise en 4 vol., aussi avec les mêmes planches.

Choix de coquillages et de crustacés par Regenfuss. (Ex. de présent; le portrait du roi en rouge.)

The natural history of the rarer lepidopterous insects of Georgia, by James Edwards Smith.

Figures of non descripit shells by Thomas Martyn.

Les deux éditions de Londres et d'Oxford de *Martin Lyster* sur les coquilles.

L'édition allemande et l'édition française de *l'Histoire naturelle des poissons de Bloch.* Les 12 parties bien complètes.

The Birds of Great-Britain with their eggs by William Lewin. 7 vol. grand in-4°, et un huitième vol., contenant des figures de quelques-uns des mêmes oiseaux dessinés d'une autre manière.

Les oiseaux des Pays-Bas de Nozeman, 5 vol. grands in-fol. Ouvrage complet.

On y trouve les beaux ouvrages d'histoire naturelle publiés du temps de l'Empire. — Et qu'on ne croie pas qu'ils aient été donnés à Huzard par suite de la place qu'il occupait! ils ont tous été achetés; Huzard n'a jamais rien demandé.

Un Pline, de Venise, de 1472; très-bel exemplaire.

Un Pline, Lugduni-Batavorum, ex officina Elzeviriana, 1635. Exemplaire unique imprimé d'un seul côté, et ensuite découpé et collé sur feuillets blancs, afin que tout le monde pût corriger les fautes qui auraient échappé à l'éditeur. 3 vol. in-fol. Il y a quelques notes marginales qu'on croit de l'abbé Brotier.

Parmi les ouvrages chinois on remarque un *Traité général d'histoire naturelle*, par *Li-chin-tchin*, en 9 vol. grand in-8°, dont un de planches. Ce bel ouvrage vient de la bibliothèque de M. Abel Rémusat.

Un autre beau manuscrit en deux volumes, représentant, en couleur, l'un, les animaux insectes et plantes de la Chine, et l'autre, les vêtements, instruments et ustensiles de ménage des habitants du céleste empire. Ces deux volumes sont à leur première couverture chinoise.

Parmi les livres d'agriculture, on remarque un très-bel exemplaire de l'édition des agriculteurs latins, de Venise, de 1472;

Un *Pierre de Crescens*, de 1471;

Un beau manuscrit latin, de cet auteur, sur parchemin vélin, avec majuscules en or et en couleur, mais auquel il manque les deux derniers feuillets.

Parmi les livres de médecine un magnifique manuscrit très-ancien sur parchemin, *Librum contra venena et animalia venenosa*; petit in-fol. d'une très-belle écriture et d'une parfaite conservation avec des majuscules, et des arabesques en or et en couleur.

Un second manuscrit aussi sur parchemin vélin et d'une très-belle conservation : *De vitandis venenis et corum remedys*, avec dédicace et titre encadrés d'arabesques en or et en couleur; copié en 1456.

Magni Hippocratis Coi et Claudii Galeni Pergameni, etc., *omnia quæ extant opera in XIII tomos distributa, Renatus Charterius edidit græce et latine.* Lutetiæ - Parisiorum, 1639, in-fol., 13 tomes reliés en 9 volumes.

Nous ne citerons parmi les descriptions de pays qu'une seule, la *Description de l'Égypte*, l'édition du gouvernement; on verra avec quel soin Huzard cherchait à compléter les ouvrages de sa bibliothèque.

Non-seulement cet ouvrage monumental est complet et bien relié, mais Huzard y a joint un médailler dans lequel se trouvent toutes les médailles qu'il a pu se procurer, de celles qui ont été frappées à l'occasion de l'expédition; les médailles anglaises sont à côté des médailles françaises. Une description manuscrite de toutes, même de celles qu'il n'a pas, sert de préface à ce médailler, et guidera pour le compléter; il est dans une boîte formant volume, et qu'on peut placer à côté des autres.

De plus, Huzard a ajouté, à l'un des volumes des planches, quelques gravures des tableaux qui ont été peints en France à l'occasion de cette mémorable expédition; on y trouve celle de la révolte du Caire, à la manière noire, et celle de la peste de Jaffa gravée en taille-douce.

En outre, chaque volume commence par un portrait d'un des Généraux ou d'un des Savants qui se sont le plus distingués dans cette campagne; enfin Huzard a rassemblé des notes biographiques sur tous les personnages de l'expédition; il a fait copier ces notes, il y a joint les portraits quand il a pu les avoir, et en a fait un volume pour lequel il a fait imprimer des titres; il n'attendait, pour faire faire la table de ce volume et le faire relier, que quelques notices qu'il espérait encore se procurer.

L'histoire de l'Institut, celle de l'Académie des sciences surtout dont il faisait partie, devait l'occuper beaucoup; aussi rassemblait-il avec soin tous les ouvrages qui étaient sortis de la plume des personnes qui appartenaient aux diverses classes de ce corps savant, à quelque titre que ce fût : il y joignait toutes les pièces qu'il pouvait trouver relatives à la vie privée des Académiciens; il y joignait leurs portraits et leurs autographes, classait ces pièces et les faisait ensuite relier par volume, sous le titre de *Supplément à l'histoire de l'Institut* : il ajoutait des tables manuscrites à chaque volume. Cette collection comprend une foule de mémoires qu'on aurait de la peine à retrouver à présent; elle se compose d'une centaine de volumes in-4° et in-8°, et présente de l'intérêt aux personnes ou qui auraient besoin des mémoires qu'elle contient, ou qui voudraient connaître certaines particularités de la vie intérieure de ce corps illustre à l'époque où Huzard en faisait partie.

Cette notice est déjà bien longue; nous ajouterons cependant que si la bibliothèque se recommande par les ouvrages rares et par le bon état des livres, et même par la richesse des reliures d'un grand nombre, elle est plus précieuse encore, peut-être, par la réunion d'une foule de brochures scientifiques, publiées séparément, qui se perdent généralement très-vite, et qu'on trouvera conservées précieusement dans celle-ci.

Comme on le voit, elle a un caractère particulier, on n'y trouve presque point ou, pour mieux dire, point d'ouvrages de littérature; mais elle offre la collection la plus complète des ouvrages d'art et de médecine vétérinaires, d'équitation, de manége, de cavalerie, de haras, de chasses, de pêches, d'éducation des animaux domestiques, y compris les vers à soie et les abeilles : on y trouve une des plus belles collections de livres d'agriculture, une des plus riches collections d'ouvrages d'histoire naturelle des animaux; enfin une collection intéressante de voyages, d'ouvrages d'anatomie et de médecine comparées.

De longtemps, et jamais vraisemblablement, nous le répétons, il ne se trouvera un homme du goût d'Huzard, et placé dans des circonstances aussi favorables pour en former une pareille.

Mme Huzard n'hésite pas à dire qu'elle n'est que l'écho de tous les hommes éclairés qui connaissent cette bibliothèque, en publiant qu'il serait fâcheux qu'elle fût détruite par une vente publique en détail. L'intention d'Huzard, exprimée toute sa vie, était que sa bibliothèque fût conservée dans son ensemble; sa veuve n'a rien tant à cœur que de voir le vœu de son mari se réaliser.

Nous terminerons en disant que la Société Royale et Centrale d'Agriculture a émis le vœu que la bibliothèque d'Huzard fût achetée par l'État; que l'École Vétérinaire d'Alfort et le Conseil Supérieur d'Agriculture ont manifesté le même désir; enfin que quelques-uns des Professeurs du Muséum auraient voulu enrichir la bibliothèque du Jardin du Roi, bien incomplète encore, de la partie de l'histoire naturelle de celle d'Huzard.

Paris, décembre 1839.

Ve HUZARD
(NÉE VALLAT-LA-CHAPELLE).

Imprimerie de L. BOUCHARD-HUZARD, rue de l'Éperon, 7.

BIBLIOTHÈQUE HUZARD.

I.ʳᵉ PARTIE. — HISTOIRE NATURELLE.

ORDRE DES VACATIONS

DE LA VENTE AUX ENCHÈRES

Qui aura lieu le Lundi 6 Mars 1843, et jours suivans, six heures précises de relevée,

RUE DE L'ÉPERON, N.° 7,

Sous la direction de M. P. Leblanc, ancien Imprimeur-Libraire, rue de Bussy, n.° 16 ; et par le ministère de M.° Hocart, commissaire-priseur, place de l'École-de-Médecine, n.° 1.

LE CATALOGUE, formant 3 gros volumes in-8°, se trouve chez Mme Ve Bouchard-Huzard, Imprimeur-Libraire, qui se chargera des commissions qu'on lui adressera.

1843.

N. B. Pour répondre en quelques mots aux diverses observations qui m'ont été faites sur la classification que j'ai adoptée pour le Catalogue de la Bibliothèque Huzard, je crois devoir rappeler ce que j'ai annoncé dans l'*Aperçu* qui précède le 1er. volume : « L'absence pres-
« qu'absolue de tout Ouvrage étranger aux Sciences naturelles m'a
« décidé à ne pas observer la classification suivie jusqu'à ce jour ; j'ai
« divisé ce Catalogue en trois parties..... pour faciliter la Vente de
« chacune de ces parties aux diverses Administrations ou Sociétés qui
« ont manifesté l'intention de les acquérir séparément. »

Je n'ai pas eu la prétention d'offrir un Catalogue modèle de classification ; je me suis uniquement occupé de concilier les intérêts de la Succession Huzard avec ceux des acquéreurs : c'est pourquoi j'ai séparé de l'Histoire naturelle générale, comprise dans le 1er. volume, les divers Ouvrages d'Agriculture, d'Économie rurale et d'Industrie agricole, dont j'ai composé le 2e. volume; et j'ai joint à cette partie les Traités sur les Eaux et Forêts, sur les Chasses et sur les Pêches. — Quelques personnes auraient désiré que j'eusse placé dans le 3e. volume, à la suite des Traités de Matière médicale, les divers Ouvrages sur le Magnétisme, le Galvanisme, etc. qui font partie du tome 1er., et que j'ai cru devoir placer plus convenablement à la suite des Expériences de Physique générale.

Je suis loin de croire qu'il n'y a aucune erreur dans le Catalogue Huzard, et je prie les Bibliographes de vouloir bien remarquer le court espace de temps pendant lequel il m'a fallu procéder, seul, à la mise en ordre des Livres, à la levée des Cartes, à leur classification, et enfin à la direction de l'impression de cet important Catalogue.

P. L.

De l'imprimerie de Mme Ve BOUCHARD-HUZARD, rue de l'Éperon, 7.

ORDRE DES VACATIONS.

1re. PARTIE. — HISTOIRE NATURELLE.

On croit devoir rappeler que les articles portant l'indication suivante : *Extrait de*..... sont la plupart devenus fort rares, étant le produit d'un tirage particulier exécuté à petit nombre, pour les amis des auteurs seulement.

Il y aura Exposition chaque jour de vente, depuis deux heures jusqu'à quatre.

Aucun article ne sera accolé : mis sur table au *minimum* de 1 fr. il sera retiré, si cette mise à prix n'est pas couverte.

Les livres vendus devront être collationnés sur place, dans les vingt-quatre heures de l'Adjudication : passé ce délai, ou une fois sortis de la Salle de Vente, ils ne seront repris *pour aucune cause*.

Les articles au-dessous de 12 fr. ne seront admis à rapport que dans le cas où ils seraient incomplets, par enlèvement de feuillets emportant quelque partie du texte; ils ne seront pas repris pour taches, mouillures, déchirures, piqûres, ou autres défectuosités.

Les acquéreurs payeront 5 centimes par franc en sus de chaque adjudication, applicables aux frais de vente.

Le Libraire chargé de la Vente remplira avec exactitude les commissions qui lui seront adressées.

1re. *Vacation*. — Lundi 6 mars 1843.

THÉOLOGIE . . . . n^o.	1 à 18
JURISPRUDENCE	107—126
SCIENCES ET ARTS. Économie publique	553—640
HISTOIRE. Voyages autour du Monde	5102—5144

2e *Vacation*. — Mardi 7.

THÉOLOGIE	19 à 54
SCIENCES ET ARTS. Commerce	730—752
———————— Hydraulique	4816—4833
BELLES-LETTRES. Grammaires, Dictionnaires	4883—4906
HISTOIRE. Voyages en Allemagne	5211—5241
———————— Histoire de France : Extraits historiques . . .	5507—5532

3ᵉ Vacation. — Mercredi 8 mars.

THÉOLOGIE.	55 à 76
SCIENCES ET ARTS. Commerce.	753— 777
—— Astronomie, Marine.	4647—4670
BELLES-LETTRES. Polygraphies, Mélanges.	4933—4983
HISTOIRE. Voyages en diverses parties du monde.	5145—5173

4ᵉ Vacation. — Jeudi 9.

THÉOLOGIE.	77 à 106
SCIENCES ET ARTS. Voitures, Postes, Navigation intér.	778— 813
—— Physique.	814— 834
HISTOIRE. Géographie. Introduction aux Voyages.	5081—5101
—— Voyages en Europe.	5174—5210
—— en Égypte.	5343—5349

5ᵉ Vacation. — Vendredi 10.

SCIENCES ET ARTS. Introduction. Histoire.	127 à 147
—— Physique, Météorologie.	835— 866
—— Chimie.	1284—1322
BELLES-LETTRES. Philologie.	4907—4932
HISTOIRE. Antiquités.	5470—5506

6ᵉ Vacation. — Samedi 11.

SCIENCES ET ARTS. Traités généraux.	148 à 186
—— Économie politique.	451— 484
—— Mathématiques.	4618—4646
BELLES-LETTRES. Poésie.	4984—5012
HISTOIRE. Histoire universelle.	5442—5469

7ᵉ Vacation. — Lundi 13.

SCIENCES ET ARTS. Dictionnaires encyclopédiques.	187 à 225
—— Politique.	411— 450
—— Art militaire, Gymnastique.	4671—4703
BELLES-LETTRES. Facéties en langue latine.	5013—5050
HISTOIRE. Voyages en Asie.	5242—5265

N. B. Les nᵒˢ 411 à 441 seront vendus en un seul lot.

8ᵉ Vacation. — Mardi 14.

SCIENCES ET ARTS. Philosophie, Métaphysique.	226 à 289
—— Recueils d'Estampes.	4151—4187
—— Beaux-Arts.	4704—4712
BELLES-LETTRES. Facéties.	5051—5080
HISTOIRE. Voyages en Asie.	5266—5289

ORDRE DES VACATIONS.

9.ᵉ *Vacation.* — *Mercredi 15 mars.*

SCIENCES ET ARTS.	Ame des Bêtes. Instinct.	290 à 337
	Recueils d'Estampes.	4188—4235
	Dessin, Peinture, Sculpture.	4713—4753
HISTOIRE.	Voyages en Afrique.	5290—5313

10.ᵉ *Vacation.* — *Jeudi 16.*

SCIENCES ET ARTS.	Ame des Bêtes. Instinct.	338 à 385
	Recueils d'Estampes coloriées.	4236—4275
	Architecture.	4754—4795
HISTOIRE.	Voyages en Afrique.	5314—5342

11.ᵉ *Vacation.* — *Vendredi 17.*

SCIENCES ET ARTS.	Instruction publique.	525 à 552
	Économie domestique.	641— 698
	Dessins d'Histoire naturelle.	4276—4312
	Mécanique. Inventions nouvelles.	4796—4815
HISTOIRE.	Voyages en Amérique.	5350—5380

12.ᵉ *Vacation.* — *Samedi 18.*

SCIENCES ET ARTS.	Morale.	386 à 401
	Art culinaire.	699— 729
	Électricité, Magnétisme.	966—1068
HISTOIRE.	Voyages en Amérique.	5381—5409

13.ᵉ *Vacation.* — *Lundi 20.*

SCIENCES ET ARTS.	Magnétisme.	1069 à 1144
	Météorologie.	867— 942
	Politique.	402— 410

14.ᵉ *Vacation.* — *Mardi 21.*

SCIENCES ET ARTS.	Galvanisme.	1145 à 1166
	Magie naturelle.	1207—1259
	Mélanges.	4359—4399
	Imprimerie, Musique.	4834—4854
HISTOIRE.	Voyages en Amérique.	5410—5441

15.ᵉ *Vacation.* — *Mercredi 22.*

SCIENCES ET ARTS.	Magie naturelle.	1167 à 1206
	Histoire naturelle. Dictionnaires.	1323—1362
	Histoire nat. de divers pays.	1706—1749
	Facéties sur div. sujets d'Hist. nat.	4477—4520

16.ᵉ *Vacation.* — *Jeudi 23.*

SCIENCES ET ARTS.	Physiognomonie.	1260 à 1283
	Histoire naturelle. Généralités.	1363—1383
	des Pays du Nord.	1750—1797
	Facéties sur div. sujets d'Hist. nat.	4521—4584

17ᵉ *Vacation.* — *Vendredi 24 mars.*

Sciences et Arts. Histoire nat. Traités élémentaires..	1384 à 1446
——————————————— de la France......	1678—1705
——————————————— Plantes de France...	2266—2283
——————————————— Conservation.......	3954—4027

18ᵉ *Vacation.* — *Samedi 25.*

Sciences et Arts. Histoire nat. Auteurs anc. et mod..	1447 à 1497
——————————————— de la mer.......	1935—1974
——————————————— Mélanges........	4313—4358
——————————————— Allégories, Emblèmes.	4400—4429

19ᵉ *Vacation.* — *Lundi 27.*

Sciences et Arts. Histoire nat. d'Angleterre......	1798 à 1812
——————————————— de la Terre, des Volcans.	1871—1893
——————————————— Règne minéral.....	1975—2020
——————————————— Expériences microscop.	3823—3834
——————————————— Descript. de Cabinets..	4077—4110
——————————————— Dialogues et Sermons..	4451—4476

20ᵉ *Vacation.* — *Mardi 28.*

Sciences et Arts. Histoire nat. d'Asie, d'Afrique, etc..	1813 à 1840
——————————————— de la Terre, des Volcans.	1894—1934
——————————————— Descript. de Cabinets..	4111—4150
——————————————— Facéties sur div. sujets.	4585—4617

21ᵉ *Vacation.* — *Mercredi 29.*

Sciences et Arts. Histoire nat. Auteurs anc. et mod..	1498 à 1545
——————————————— d'Amérique......	1841—1870
——————————————— Règne minéral.....	2021—2035
——————————————— Expériences microscop.	3835—3860
——————————————— Fables, Apologues...	4430—4450

22ᵉ *Vacation.* — *Jeudi 30.*

Sciences et Arts. Histoire nat. Auteurs anc. et mod..	1546 à 1586
——————————————— Pierres précieuses...	2036—2056
——————————————— Pétrifications, Fossiles.	2100—2144
——————————————— Expériences microscop.	3861—3882
——————————————— Écarts de la Nature, Monstres.	3883—3899
——————————————— Musées, Cabinets...	4028—4032

23ᵉ *Vacation.* — *Vendredi 31.*

Sciences et Arts. Histoire nat. Auteurs anc. et mod..	1587 à 1626
——————————————— Pierres précieuses....	2057—2074
——————————————— Pétrifications, Fossiles..	2145—2208
——————————————— Écarts de la Nature, Monstres.	3900—3920
——————————————— Musées, Cabinets....	4033—4036

ORDRE DES VACATIONS.

24ᵉ Vacation. — Samedi 1ᵉʳ avril.

SCIENCES ET ARTS. Histoire nat. Auteurs anc. et mod.	1627 à 1677
——————————Pierres précieuses.	2075—2099
——————————Règne végétal. Diction.	2209—2238
——————————Règne animal. Introduct.	2327—2338
——————————Écarts de la Nature, Monstres.	3921—3953
——————————Musées, Cabinets.	4037—4040

25ᵉ Vacation. — Lundi 3.

SCIENCES ET ARTS. Hist. nat. Règne végétal. Plantes.	2239 à 2265
—————————— R. anim. Introduction.	2339—2364
—————————— Mammifères.	2704—2756
—————————— Poissons.	3040—3059
—————————— Annélides, Arachnides.	3424—3457
—————————— Musées, Cabinets.	4041—4046

26ᵉ Vacation. — Mardi 4.

BELLES-LETTRES. Grammaires, Dictionnaires.	4855 à 4882
SCIENCES ET ARTS. Économie politique.	485—524
——————————Physique.	943—965
——————————Hist. nat. Mammifères.	2649—2703
—————————— Animaux à coquilles.	3276—3318

27ᵉ Vacation. — Mercredi 5.

SCIENCES ET ARTS. Hist. nat. R. anim. Oiseaux.	2836 à 2862
—————————— Poissons.	3060—3085
—————————— Animaux invertébrés.	3157—3195
—————————— à coquilles.	3319—3356
——————————Entomologie. Traités génér.	3465—3504

28ᵉ Vacation. — Jeudi 6.

SCIENCES ET ARTS. Hist. nat. R. vég. Plantes de div. Pays.	2284 à 2306
—————————— R. an. Cétacées.	2757—2778
—————————— Oiseaux. Introduction.	2779—2810
—————————— Poissons.	2979—3001
—————————— Reptiles.	3086—3121
—————————— Musées, Cabinets.	4047—4050

29ᵉ Vacation. — Vendredi 7.

SCIENCES ET ARTS. Hist. nat. R. vég. Plantes diverses.	2307 à 2326
—————————— R. an. Auteurs anc. et mod.	2422—2464
—————————— Poissons.	3002—3039
—————————— Reptiles.	3122—3156
—————————— Kermès, Cochenille.	3659—3670
—————————— Musées, Cabinets.	4051—4055

30ᵉ Vacation. — Samedi 8 avril.

Sciences et Arts. Hist. nat. Traités élémentaires....	2365 à 2421
———————— R. an. Auteurs anc. et mod.	2465—2509
———————— Oiseaux........	2811—2835
———————— Animaux à coquilles.	3357—3383
———————— Musées, Cabinets......	4056—4059

31ᵉ Vacation. — Lundi 10.

Sciences et Arts. Hist. nat. R. an. Auteurs anc. et mod.	2510 à 2551
———————— Oiseaux........	2863—2893
———————— Anim. invertébrés..	3196—3230
———————— Entom. Traités gén..	3505—3531
———————— Coléoptères..	3598—3633
———————— Musées, Cabinets......	4060—4063

32ᵉ Vacation. — Mardi 11.

Sciences et Arts. Hist. nat. R. an. Homme.......	2599 à 2614
———————— Quadrupèdes.....	2615—2648
———————— Oiseaux........	2921—2978
———————— Tarentules, etc....	3458—3464
———————— Entomologie.....	3555—3575
———————— Coléoptères, etc...	3634—3658
———————— Musées, Cabinets......	4064—4066

33ᵉ Vacation. — Mercredi 12.

Sciences et Arts. Hist. nat. R. an. Mélanges.......	2552 à 2598
———————— Oiseaux........	2894—2920
———————— Anim. invertébrés..	3231—3275
———————— Huîtres, etc.....	3384—3423
———————— Entom. Mélanges..	3532—3554
———————— Névroptères.	3671—3694
———————— Musées, Cabinets......	4067—4072

34ᵉ Vacation. — Jeudi 13.

Sciences et Arts. Hist. nat. R. an. Entom. Mélanges..	3576 à 3597
———————— Lépidoptères.	3695—3765
———————— Echinodermes, etc..	3766—3822
———————— Musées, Cabinets......	4073—4076
Autographes............	5533—5560

BIBLIOTHÈQUE HUZARD.

2.e PARTIE.— AGRICULTURE, ÉCONOMIE RURALE. — CHASSES ET PÊCHES.

ORDRE DES VACATIONS

DE LA VENTE AUX ENCHÈRES

Qui aura lieu le Mardi 2 Mai 1843, et jours suivans, six heures précises de relevée,

RUE DE L'ÉPERON, N.° 7.

Sous la direction de M. P. LEBLANC, ancien Imprimeur-Libraire, rue de Bussy, n.° 16 ; et par le ministère de Me HOCART, Commissaire-priseur, place de l'École-de-Médecine, n.° 1.

LE CATALOGUE, formant 3 gros volumes in-8°, se trouve chez Mme Ve BOUCHARD-HUZARD, Imprimeur-Libraire, qui se chargera des commissions qu'on lui adressera.

1843.

De l'Imprimerie de Mme Ve BOUCHARD-HUZARD, rue de l'Éperon, 7.

ORDRE DES VACATIONS.

2.e PARTIE.—AGRICULTURE, ÉCONOMIE RURALE.—CHASSES ET PÊCHES.

On croit devoir rappeler que les articles portant l'indication suivante : *Extrait de......* sont la plupart devenus fort rares, étant le produit d'un tirage particulier exécuté à petit nombre, pour les amis des auteurs seulement.

Il y aura Exposition chaque jour de vente, depuis deux heures jusqu'à quatre.

Aucun article ne sera accolé : mis sur table au *minimum* de 1 fr. il sera retiré, si cette mise à prix n'est pas couverte.

Les livres vendus devront être collationnés sur place, dans les vingt-quatre heures de l'Adjudication : passé ce délai, ou une fois sortis de la Salle de Vente, ils ne seront repris *pour aucune cause*.

Les articles au-dessous de 12 fr. ne seront admis à rapport que dans le cas où ils seraient incomplets, par enlèvement de feuillets emportant quelque partie du texte ; ils ne seront pas repris pour taches, mouillures, déchirures, piqûres, ou autres défectuosités.

Les acquéreurs payeront 5 centimes par franc en sus de chaque adjudication, applicables aux frais de vente.

Le Libraire chargé de la Vente remplira avec exactitude les commissions qui lui seront adressées.

1re. *Vacation.* — *Mardi 2 Mai.*

INDUSTRIE AGRICOLE. Culture du Mûrier.. . . . . . . n.° 3186 à 3226
AGRICULTURE. Introduction, Histoire.. . . . . 1— 68
ÉCONOMIE RURALE. Traités généraux. . . . . 2481—2549

2e *Vacation.* — *Mercredi 3.*

INDUSTRIE AGRICOLE. Mûriers et Vers à soie.. . . . . . . 3253 à 3298
AGRICULTURE. Établissements ruraux.. . . . . 69— 127
ÉCONOMIE RURALE. Traités généraux. . . . . 2550—2613

3ᵉ Vacation. — Jeudi 4 Mai.

INDUSTRIE AGRICOLE. Mûriers et Vers à soie.	3299 à 3344
—————— Maladies des Vers à soie.	3441—3457
ÉCONOMIE RURALE. Animaux domestiques.	2614—2652
AGRICULTURE. Coutumes, Législation.	128— 191

4ᵉ Vacation. — Vendredi 5.

AGRICULTURE. Mélanges. Biens communaux, Chemins vicinaux, Bornages, etc.	192 à 221
ÉCONOMIE RURALE. Étables, Vaches, Lait, Beurre.	2653—2703
INDUSTRIE AGRICOLE. Éducation des Vers à soie.	3345—3440

5ᵉ Vacation. — Samedi 6.

AGRICULTURE. Architecture rurale.	222 à 246
—————— Instruments aratoires, etc.	247— 273
ÉCONOMIE RURALE. Oiseaux de basse-cour.	2704—2746
INDUSTRIE AGRICOLE. Poëmes sur les Vers à soie.	3458—3486
—————— Mélanges sur les Abeilles.	3798—3807
—————— Poëmes sur les Abeilles.	3808—3822

6ᵉ Vacation. — Lundi 8.

AGRICULTURE. Instruments aratoires, etc.	274 à 302
—————— Dictionnaires.	303— 332
ÉCONOMIE RURALE. Bêtes à laine et à cornes.	2747—2754
—————— Éducation des Bêtes à cornes.	2755—2826
INDUSTRIE AGRICOLE. Fabriques de soie. Magnaneries.	3487—3526

7ᵉ Vacation. — Mardi 9.

AGRICULTURE. Dictionnaires.	333 à 353
—————— Almanachs, Annuaires.	354— 391
ÉCONOMIE RURALE. Éducation des Bêtes à laine.	2827—2870
—————— Manufactures de Draps.	3172—3185
INDUSTRIE AGRICOLE. Fabriques de Soie. Magnaneries.	3527—3545
—————— Fabrique des Étoffes de Soie.	3568—3571
—————— Colonies agricoles.	3823—3830

8ᵉ Vacation. — Mercredi 10.

AGRICULTURE. Almanachs, Annuaires.	362 à 425
—————— Traités généraux anciens et modernes.	559— 586
—————— Poëtes grecs et latins.	917— 939
INDUSTRIE AGRICOLE. Traités généraux sur la Soie.	3546—3567
—————— Soie. Dessins et Estampes.	3572—3577
—————— Abeilles. Histoire naturelle.	3578—3587
AUTOGRAPHES.	5404—5421

9ᵉ Vacation. — Jeudi 11 Mai.

Agriculture. Traités élémentaires.	495 à 558
Économie rurale. Bêtes à laine. Amélioration.	2871—2908
—— Lavage des Laines.	3147—3156
Agriculture. Traités généraux anciens et modernes.	587— 618
—— Poëtes grecs et latins.	940— 969

10ᵉ Vacation. — Vendredi 12.

Économie rurale. Bêtes à laine. Troupeaux divers.	2909 à 2943
Agriculture. Traités généraux anciens et modernes.	619— 655
—— Poëtes italiens et espagnols.	970— 995
—— Agriculture en Angleterre, etc.	1163—1234

11ᵉ Vacation. — Samedi 13.

Économie rurale. Bêtes à laine. Troupeaux divers.	2944 à 2957
—— Lois et Droits sur les Laines.	3080—3118
Agriculture. Traités généraux anciens et modernes.	656— 702
—— Poëtes français et anglais.	996—1043
—— Agriculture en Suisse, en Allemagne, etc.	1235—1250

12ᵉ Vacation. — Lundi 15.

Économie rurale. Bêtes à laine. Race espagnole.	2958 à 2985
Industrie agricole. Sociétés d'Agriculture.	3831—3869
Agriculture. Traités généraux anciens et modernes.	703— 763
—— Agriculture en France.	1044—1073
—— en Asie, Afrique et Amérique.	1251—1258

13ᵉ Vacation. — Mardi 16.

Économie rurale. Bêtes à laine. Race espagnole.	2986 à 3020
—— Préparation des Laines.	3059—3079
Industrie agricole. Mélanges.	3870—3902
Agriculture. Traités généraux anciens et modernes.	764— 799
—— Agriculture dans les Départements.	1074—1103

14ᵉ Vacation. — Mercredi 17.

Agriculture. Traités élémentaires.	426 à 494
—— Traités généraux anciens et modernes.	800— 824
—— Grains, Panification, Commerce.	1527—1569
Industrie agricole. Culture du Mûrier.	3227—3252

15ᵉ Vacation. — Jeudi 18.

Économie rurale. Bêtes à laine. Race anglaise.	3021 à 3036
—— Chèvres de Cachemire.	3037—3058
Industrie agricole. Éducation des Abeilles.	3588—3662
Agriculture. Traités généraux anciens et modernes.	825— 849
—— Agriculture dans les Départements.	1104—1125

16ᵉ *Vacation.* — *Vendredi* 19 *Mai.*

ÉCONOMIE RURALE. Commerce des Laines. . . . . 3119 à 3146
——————— Teinture des Laines. . . . . 3157—3171
INDUSTRIE AGRICOLE. Mélanges. . . . . 3903—3930
AGRICULTURE. Traités généraux anciens et modernes. . . . 850— 916
——————— dans diverses contrées étrangères. . . . . 1126—1127
——————— en Piémont, Sardaigne, Italie, Espagne, etc. 1128—1162

17ᵉ *Vacation.* — *Samedi* 20.

AGRICULTURE. Étangs, Irrigations. . . . . 1259 à 1294
——————— Desséchement des Marais. . . . . 1295—1322
INDUSTRIE AGRICOLE. Éducation des Abeilles. . . . . . . 3653—3703
ARTS ET MÉTIERS. Traités divers. . . . . 3952—3999
——————— Secrets. . . . . 4041—4056

18ᵉ *Vacation.* — *Lundi* 22.

AGRICULTURE. Jachères. Défrichement. . . . . 1323 à 1366
——————— Assolement. . . . . 1417—1426
INDUSTRIE AGRICOLE. Éducation des Abeilles. . . . . . . 3704—3754
ARTS ET MÉTIERS. Traités divers. . . . . 4000—4040
STATISTIQUE. Traités généraux. . . . . 4057—4073
——————— France. . . . . 4074—4098

19ᵉ *Vacation.* — *Mardi* 23.

AGRICULTURE. Culture des Terres. . . . . 1367 à 1416
——————— Cas fortuits de disette. . . . . 1801—1834
INDUSTRIE AGRICOLE. Abeilles, Ruches. . . . . 3755—3797
STATISTIQUE. Départements de la France. . . . . 4099—4161

20ᵉ *Vacation.* — *Mercredi* 24.

AGRICULTURE. Engrais. . . . . 1427 à 1482
——————— Prairies artificielles. . . . . 1835—1864
——————— Arbres fruitiers. . . . . 2234—2260
STATISTIQUE. Départements de la France. . . . . 4162—4220

21ᵉ *Vacation.* — *Vendredi* 26.

AGRICULTURE. Grains, Semences, Moutures, etc. . . . . 1483 à 1526
——————— Fourrages. . . . . 1865—1928
——————— Arbres fruitiers. . . . . 2261—2279
STATISTIQUE. Départements de la France. . . . . 4221—4270

22ᵉ *Vacation.* — *Samedi* 27.

AGRICULTURE. Fourrages. . . . . 1929 à 1981
——————— Pommes de terre. . . . . 1982—2036
——————— Traités sur quelques Arbres. . . . . . . 2280—2318
STATISTIQUE. Suisse, Piémont, Sardaigne. . . . . 4271—4281
——————— Angleterre, Écosse, Irlande. . . . . . . 4348—4357

23ᵉ Vacation. — Lundi 29 Mai.

AGRICULTURE.	Maïs.	1570 à 1597
——————	Chanvre et Lin ; Houblon.	1721—1727
——————	Betterave. Culture et emploi.	2037—2067
STATISTIQUE.	Italie, Espagne, Portugal.	4282—4307
——————	Belgique, Hollande.	4308—4312
——————	Asie.	4358—4401
——————	Colonie d'Alger.	4559—4562
——————	Amérique.	4563—4580

24ᵉ Vacation. — Mardi 30.

AGRICULTURE.	Maladies des Grains.	1598 à 1630
——————	Vignes. Culture. Insectes nuisibles.	1728—1783
——————	Plantes potagères.	2068—2087
STATISTIQUE.	Allemagne, Pays du Nord.	4313—4347
——————	Afrique.	4402—4438

25ᵉ Vacation. — Mercredi 31.

AGRICULTURE.	Grains. Animaux nuisibles.	1631 à 1659
——————	Olivier. Culture, Maladies, Insectes nuisib.	1784—1800
——————	Plantes tinctoriales.	2088—2107
——————	Plantes et arbres d'usage en Médecine.	2319—2383
STATISTIQUE.	Afrique. Mélanges sur l'Égypte.	4439—4451
——————	Fleuves de l'Égypte.	4452—4459

26ᵉ Vacation. — Jeudi 1ᵉʳ Juin.

AGRICULTURE.	Jardinage. Traités généraux.	2178 à 2214
——————	Graines, Fleurs.	2215—2233
——————	Forêts et Bois de la France.	2448—2468
——————	Animaux nuisibles.	2469—2480
STATISTIQUE.	Égypte. Campagnes des Français.	4526—4558
——————	Amérique.	4640—4678

27ᵉ Vacation. — Vendredi 2.

AGRICULTURE.	Grains. Animaux nuisibles. Insectes.	1660 à 1690
——————	Plantes oléagineuses.	2108—2126
——————	Arbres à Épiceries; Café, Thé, etc.	2384—2429
——————	Revues et Journaux.	3931—3951
STATISTIQUE.	Égypte. Hiéroglyphes et Monuments.	4460—4487
——————	Amérique.	4581—4607

28ᵉ Vacation. — Samedi 3.

AGRICULTURE.	Grains. Animaux nuisibles. Insectes.	1691 à 1720
——————	Jardinage. Traités généraux.	2127—2177
——————	Forêts et Bois. Semis, Plantation.	2430—2447
STATISTIQUE.	Égypte. Hiéroglyphes et monuments.	4488—4525
——————	Amérique.	4608—4639

29ᵉ Vacation. — Lundi 5 Juin.

CHASSES ET PÊCHES. Coutumes, Lois, Ordonnances.	4679 à 4705
PÊCHES. Coutumes, Lois, Dictionnaires, Traités.	5302—5315
CHASSES. Traités généraux anciens et modernes.	4943—4979
—— Estampes.	5265—5301

30ᵉ Vacation. — Mardi 6.

CHASSES ET PÊCHES. Coutumes, Lois, Ordonnances.	4706 à 4733
PÊCHES. Traités généraux.	5316—5338
CHASSES. Poëtes italiens et anglais.	5236—5264
—— De l'exercice de la Chasse.	4980—4992
—— Des Chiens de Chasse.	4693—4999
—— De la Chasse au Faucon.	5000—5024
—— Traités généraux. Auteurs espagnols et italiens.	4628—4942

31ᵉ Vacation. — Mercredi 7.

CHASSES ET PÊCHES. Coutumes, Lois, Ordonnances.	4734 à 4755
PÊCHES. Traités généraux.	5339—5359
CHASSES. Poëtes français.	5207—5235
—— Traités généraux. Auteurs français.	4897—4927
—— De la Chasse au Faucon.	5025—5050

32ᵉ Vacation. — Jeudi 8.

CHASSES ET PÊCHES. Coutumes, Lois, Ordonnances.	4756 à 4775
PÊCHES. Traités généraux.	5360—5374
CHASSES. Poëtes grecs et latins.	5131—5154
—— De la Chasse des Oiseaux.	5051—5071
—— Traités généraux. Auteurs français.	4855—4896

33ᵉ Vacation. — Vendredi 9.

CHASSES ET PÊCHES. Dictionnaires, Traités généraux.	4776 à 4810
PÊCHES. Traités particuliers. Poésies.	5392—5403
CHASSES. De la Chasse du Loup, etc.	5097—5130
—— Poëtes grecs et latins.	5180—5206
—— Traités généraux. Auteurs grecs et latins.	4822—4836

34ᵉ Vacation. — Samedi 10.

CHASSES. Dictionnaires.	4811 à 4821
PÊCHES. Traités généraux et particuliers.	5375—5391
CHASSES. De la Chasse au fusil.	5072—5087
—— du Cerf.	5088—5096
—— Poëtes grecs et latins.	5155—5179
—— Traités généraux. Auteurs grecs et latins.	4837—4854

BIBLIOTHÈQUE HUZARD.

3.e PARTIE. — MÉDECINE HUMAINE ET VÉTÉRINAIRE. — ÉQUITATION. — SOCIÉTÉS LITTÉRAIRES. — BIBLIOGRAPHIE. — BIOGRAPHIE.

ORDRE DES VACATIONS

DE LA VENTE AUX ENCHÈRES

Qui aura lieu le Lundi 26 Juin 1843, et jours suivans, six heures précises de relevée,

RUE DE L'ÉPERON, N.° 7,

Sous la direction de M. P. LEBLANC, ancien Imprimeur-Libraire, rue de Bussy, n.° 16 ; et par le ministère de Me HOCART, Commissaire-priseur, place de l'École-de-Médecine, n.° 1.

LE CATALOGUE, formant 3 gros volumes in-8°, se trouve chez Mme Ve BOUCHARD-HUZARD, Imprimeur-Libraire, qui se chargera des commissions qu'on lui adressera.

1843.

N. B. On vendra, le mercredi 9 Août, divers Tableaux, Estampes et Portraits gravés, plusieurs Bustes, dont un en marbre, et quelques objets d'Anatomie vétérinaire, qui n'ont pas été compris dans le Catalogue, et dont la description succincte est placée à la fin du présent Ordre de Vacations.

ORDRE DES VACATIONS.

3.ᵉ PARTIE. — MÉDECINE HUMAINE ET VÉTÉRINAIRE. — ÉQUITATION. — SOCIÉTÉS LITTÉRAIRES. — BIBLIOGRAPHIE. — BIOGRAPHIE.

On croit devoir rappeler que les articles portant l'indication suivante : *Extrait de.....* sont la plupart devenus fort rares, étant le produit d'un tirage particulier exécuté à petit nombre, pour les amis des auteurs seulement.

Il y aura Exposition chaque jour de vente, depuis deux heures jusqu'à quatre.

Aucun article ne sera accolé : mis sur table au *minimum* de 1 fr. il sera retiré, si cette mise à prix n'est pas couverte.

Les livres vendus devront être collationnés sur place, dans les vingt-quatre heures de l'Adjudication : passé ce délai, ou une fois sortis de la Salle de Vente, ils ne seront repris *pour aucune cause*.

Les articles au-dessous de 12 fr. ne seront admis à rapport que dans le cas où ils seraient incomplets, par enlèvement de feuillets emportant quelque partie du texte; ils ne seront pas repris pour taches, mouillures, déchirures, piqûres, ou autres défectuosités.

Les acquéreurs payeront 5 centimes par franc en sus de chaque adjudication, applicables aux frais de vente.

Le Libraire chargé de la Vente remplira avec exactitude les commissions qui lui seront adressées.

1ʳᵉ. *Vacation.* — *Lundi 26 Juin.*

MÉDECINE. Histoire de la Médecine et des Médecins. n.°   1 à   43
——————. Hygiène. Art de conserver la Santé. . . . . 802— 825
——————Matière médicale. Traités généraux. . . . 1696—1733
BIBLIOGRAPHIE. Traités généraux. Catalogues. . . . . . . 5111—5128

2ᵉ *Vacation.* — *Mardi 27.*

MÉDECINE. Dictionnaires, Recueils. . . . . 58 à 100
——————Hygiène. Art de conserver la Santé. . . . . 826— 852
——————Matière médicale. Traités généraux. . . . 1734—1766
BIBLIOGRAPHIE. Traités généraux. Catalogues. . . . . . . 5129—5161

3ᵉ Vacation. — Mercredi 28 Juin.

Médecine.	Traités pour et contre................	44 à 57
———	Traités généraux élémentaires.........	101— 107
———	Médecins anciens, grecs, latins, etc.....	108— 129
———	Physiologie. Déglutition, Digestion, etc...	781— 801
———	Hygiène. Mélanges.................	853— 865
———	Matière médicale. Thériaque..........	1767—1787
Bibliographie.	Catalogues de Livres d'Histoire naturelle..	5162—5196

4ᵉ Vacation. — Jeudi 29.

Médecine.	Médecins modernes.................	130 à 177
———	Diététique. Régime de la Vie..........	866— 886
———	Matière médicale. Spécifiques.........	1788—1828
Bibliographie.	Catalogues de Livres de Médecine.....	5197—5222

5ᵉ Vacation. — Vendredi 30.

Médecine.	Médecins modernes.................	178 à 211
———	Diététique. Régime de la Vie..........	887— 909
———	Thérapeutique. Maladies de certains Pays..	1652—1673
———	Matière médicale. Spécifiques.........	1829—1866
Biographie.	Généralités.....................	5223—5234

6ᵉ Vacation. — Samedi 1ᵉʳ Juillet.

Médecine.	Anatomie. Histoire, Dictionnaires......	212 à 220
———	Traités généraux............	221— 243
———	Diététique. Mélanges..............	910— 938
———	Thérapeutique. Maladies de certains Pays..	1674—1695
———	Matière médicale. Spécifiques.........	1867—1895
Biographie.	Naturalistes, Médecins.............	5235—5253

7ᵉ Vacation. — Lundi 3.

Médecine.	Anatomie. Traités généraux...........	244 à 276
———	Pathologie. Symptômes des Maladies....	939— 954
———	Crises et Pouls..........	955— 958
———	Matière médicale. Spécifiques.........	1896—1922
———	Chirurgie. Mélanges................	2472—2487
Biographie.	Naturalistes, Médecins.............	5254—5274

8ᵉ Vacation. — Mardi 4.

Médecine.	Anatomie. Traités généraux...........	277 à 311
———	Thérapeutique. Diverses Maladies.....	959— 978
———	Fièvres.............	979— 987
———	Matière médicale. Secrets...........	1923—1996

9ᵉ Vacation. — Mercredi 5.

Médecine.	Anatomie. Traités particuliers.........	312 à 352
———	Thérapeutique. Maladies épidémiques...	988—1051
———	Matière médicale. Secrets..........	1997—2033

ORDRE DES VACATIONS. 5

10ᵉ *Vacation*. — *Jeudi 6 Juillet.*

MÉDECINE.	Anatomie. Traités particuliers............	353 à 383
——	Thérapeutique. Inondations, Marais......	1052—1056
——	Fièvre jaune.........	1057—1075
——	Choléra-Morbus......	1076—1098
——	Matière médicale. Secrets...........	2034—2086

11ᵉ *Vacation*. — *Vendredi 7.*

MÉDECINE.	Anatomie. Traités particuliers........	384 à 418
——	Thérapeutique. Maladies aiguës, etc.....	1099—1115
——	Maladies vermineuses....	1116—1119
——	Vers intestinaux........	1120—1153
——	Matière médicale. Poisons et Antidotes....	2087—2114
BIOGRAPHIE.	Célébrités diverses.............	5275—5302

12ᵉ *Vacation*. — *Samedi 8.*

MÉDECINE.	Anatomie. Traités particuliers.........	419 à 464
——	Thérapeutique. Vers intestinaux........	1154—1200
——	Matière médicale. Plantes vénéneuses....	2115—2144
——	Poésies...........	2488—2503

13ᵉ *Vacation*. — *Lundi 10.*

MÉDECINE.	Anatomie. Traités particuliers.........	465 à 516
——	Thérapeutique. Vers intestinaux.......	1201—1249
——	Matière médicale. Venins et Antidotes....	2145—2198

14ᵉ *Vacation*. — *Mardi 11.*

MÉDECINE.	Anatomie comparée..............	517 à 550
——	Thérapeutique. Gale..............	1250—1260
——	Folie, Aliénation.......	1261—1289
——	Matière médicale. Morsure de la Vipère...	2199—2212
——	Livres singuliers......	2213—2230
——	Poésies.............	2504—2525

15ᵉ *Vacation*. — *Mercredi 12.*

MÉDECINE.	Anatomie comparée.............	551 à 574
——	Figures, Mélanges..........	575—601
——	Pathologie. Rage...............	1290—1344
——	Matière médicale. Mélanges..........	2231—2258

16ᵉ *Vacation*. — *Vendredi 14.*

MÉDECINE.	Physiologie. Traités élémentaires et génér..	602 à 634
——	Pathologie. Rage............	1345—1393
——	Matière médicale. Mélanges..........	2259—2317

17ᵉ *Vacation*. — *Samedi 15.*

MÉDECINE.	Physiologie. Sensibilité, Mouvement.....	635 à 655
——	Pathologie. Rage..............	1394—1434
——	Matière médicale. Médecine légale......	2318—2330
——	Pharmacie.................	2331—2378

ORDRE DES VACATIONS.

18ᵉ Vacation. — Lundi 17 Juillet.

MÉDECINE. Physiologie. Génération.	656 à 696
———— Pathologie. Malad. de la Tête, de la Poitrine.	1435—1449
———————————————— vénériennes.	1450—1465
———————————————— des Femmes et des Enfants.	1466—1478
———————— Dents.	1479—1487
———— Chirurgie. Traités généraux.	2379—2380
———————— Saignées, Sangsues, Ventouses.	2381—2391
———————— Asphyxies.	2392—2417

19ᵉ Vacation. — Mardi 18.

MÉDECINE. Physiologie. Organes de la Génération.	697 à 749
———— Pathologie. Petite Vérole, Vaccine, etc.	1488—1586
———— Chirurgie. Accouchements.	2418—2437

20ᵉ Vacation. — Mercredi 19.

MÉDECINE. Physiologie. Nutrition.	750 à 752
———————— Respiration.	753—780
———— Pathologie. Petite Vérole, Vaccine, etc.	1587—1634
———————— Maladies des Hôpitaux.	1635—1651
———— Chirurgie. Maladies de la Vessie, Calculs.	2438—2471
AUTOGRAPHES.	5309—5351

21ᵉ Vacation. — Jeudi 20.

MÉDECINE VÉTÉRINAIRE. Introduction, Dictionnaires.	2526 à 2560
HIPPIATRIQUE. Histoire, Dictionnaires.	3430—3441
———————— Anatomie.	3442—3466
ÉLÈVE ET HARAS. Éducation et Ménagement des Chevaux.	4124—4187
———————— Mélanges.	4460—4469
AUTOGRAPHES.	5352—5389

22ᵉ Vacation. — Vendredi 21.

MÉDECINE VÉTÉRINAIRE. Écoles vétérinaires.	2561 à 2611
———————— Épizootie des Animaux domest.	2870—2908
HIPPIATRIQUE. Anatomie.	3467—3485
ÉLÈVE ET HARAS. Éducation et Ménagement des Chevaux.	4188—4248

23ᵉ Vacation. — Samedi 22.

MÉDECINE VÉTÉRINAIRE. Anatomie des Animaux.	2612 à 2633
———————— Hygiène générale.	2634—2653
HIPPIATRIQUE. Du Cheval, et de ses Maladies.	3486—3526
———————— Maladies des Chevaux.	3734—3759
ÉLÈVE ET HARAS. Éducation et Ménagement des Chevaux.	4249—4292

24ᵉ Vacation. — Lundi 24.

MÉDECINE VÉTÉRINAIRE. Maladies des Animaux domest.	2654 à 2721
HIPPIATRIQUE. Du Cheval, et de ses Maladies.	3527—3575
ÉLÈVE ET HARAS. Connaissance des Chevaux.	4293—4343

ORDRE DES VACATIONS.

25ᵉ Vacation. — Mardi 25 Juillet.

MÉDECINE VÉTÉRINAIRE. Maladies des Animaux domest.. . 2722 à 2772
HIPPIATRIQUE. Du Cheval, et de ses Maladies. . . . . . . 3576—3627
ÉLÈVE ET HARAS. De l'extérieur des Chevaux. . . . . . 4344—4367
——————— De l'âge des Chevaux. . . . . 4368—4374
ÉQUITATION. Traités élémentaires et généraux. . . . . . 4470—4500

26ᵉ Vacation. — Mercredi 26.

MÉDECINE VÉTÉRINAIRE. Maladies des Animaux domest. . 2773 à 2809
HIPPIATRIQUE. Du Cheval, et de ses Maladies. . . . . . . 3628—3691
ÉLÈVE ET HARAS. Brides et Mors. . . . . 4375—4396
ÉQUITATION. Traités élémentaires et généraux. . . . . 4501—4536

27ᵉ Vacation. — Jeudi 27.

MÉDECINE VÉTÉRINAIRE. Maladies des Animaux domest. . 2810 à 2869
HIPPIATRIQUE. Maladies des Chevaux. . . . . 3692—3733
ÉLÈVE ET HARAS. Ferrure des Chevaux. . . . . 4397—4459
ÉQUITATION. Traités élémentaires et généraux. . . . . 4537—4546

28ᵉ Vacation. — Vendredi 28.

MÉDECINE VÉTÉRINAIRE. Épizooties des Animaux domest. 2909 à 2932
ÉQUITATION. Traités élémentaires et généraux. . . . . 4547—4624
HIPPIATRIQUE. Maladies des Chevaux. . . . . 3760—3813

29ᵉ Vacation. — Lundi 31.

MÉDECINE VÉTÉRINAIRE. Charbon. . . . . 2933 à 2971
HIPPIATRIQUE. Maladies des Chevaux. . . . . 3814—3873
ÉQUITATION. Traités élémentaires et généraux. . . . . 4625—4674

30ᵉ Vacation. — Mardi 1ᵉʳ Août.

MÉDECINE VÉTÉRINAIRE. Pharmacopée. . . . . 2972 à 2991
HIPPIATRIQUE. Maladies des Chevaux. . . . . 3874—3918
ÉQUITATION. Traités élémentaires et généraux. . . . . 4675—4707
ÉQUITATION MILITAIRE. Remontes. . . . . 4750—4756
——————— Traités anciens et modernes. . . 4757—4777
——————— Ordonnances et Règlements. . . 4778—4792

31ᵉ Vacation. — Mercredi 2.

MÉDECINE VÉTÉRINAIRE. Police. Vices rédhibitoires. . . . 2992 à 3036
HIPPIATRIQUE. Mélanges. Maladies. Opérations. . . . . 3919—3978
ÉQUITATION. Traités élémentaires et généraux. . . . . 4708—4749

32ᵉ Vacation. — Jeudi 3.

MÉDECINE VÉTÉRINAIRE. Bêtes bovines. Anatomie. . . . 3037 à 3057
——————————————— Maladies. . . . . 3058—3076
HIPPIATRIQUE. Soins en voyage et à l'écurie. . . . . . . 3979—4034
ÉQUITATION MILITAIRE. Tactique. . . . . 4793—4860

33ᵉ Vacation. — Vendredi 4 Août.

MÉDECINE VÉTÉRINAIRE. Bêtes bovines. Maladies........	3077 à 3114
HIPPIATRIQUE. Farcin..................................	4035—4088
ÉQUITATION. Chevaux célèbres........................	4861—4877
—————— Courses de Chevaux, de Chars...........	4878—4928
—————— Poésies et Facéties..........................	4929—4936

34ᵉ Vacation. — Samedi 5.

MÉDECINE VÉTÉRINAIRE. Épizooties......................	3115 à 3192
HIPPIATRIQUE. Épizooties..............................	4089—4110
ÉQUITATION. Dessins et Estampes.......................	4937—4998
BIOGRAPHIE. Portraits.................................	5303—5308

35ᵉ Vacation. — Lundi 7.

MÉDECINE VÉTÉRINAIRE. Épizooties......................	3193 à 3258
—————— Épizootie bovine.............................	3259—3332
HIPPIATRIQUE. Pharmacopée............................	4111—4123
HISTOIRE LITTÉRAIRE...................................	4999—5005
SOCIÉTÉS D'HISTOIRE NATURELLE.........................	5099—5110

36ᵉ Vacation. — Mardi 8.

MÉDECINE VÉTÉRINAIRE. Bêtes à laine. Maladies........	3333 à 3410
—————— Maladies des Porcs, des Chiens.	3411—3429
ACADÉMIES, Sociétés diverses, Journaux scientifiques...	5006—5098

37ᵉ Vacation. — Mercredi 9.

Objets divers d'Anatomie vétérinaire.

Portraits sous verre : FRANCIS, DUKE OF BEDFORT, by *Sailliard*, from *Lonsdale*; — BENJAMIN, COUNT OF RUMFORD, by *Smith*. — LAMOIGNON DE MALESHERBES.

Petit Buste de BOURGELAT, en plâtre. — Buste de BOURGELAT, grandeur naturelle, en marbre blanc.

Portrait de BOURGELAT, peint sur toile par *Gautier* : on remarque dans ce joli Tableau un grand nombre d'accessoires relatifs à la Médecine vétérinaire.

LAFOSSE, le père, entouré de ses fils, et faisant une leçon d'Anatomie du Cheval (suivant M. Huzard, devant le prince de Lambesc, grand Écuyer du Roi Louis XVI; et De Morane, Chirurgien des Écuries de S. M.). Grand Tableau, peint sur toile, par *Sollier*. Cette belle composition a été gravée : elle forme le frontispice du Cours d'Hippiatrique de Lafosse, n.ᵒˢ 3718 et 3719 du Catalogue.

Grands Bustes, en plâtre, de BUFFON et de PARMENTIER.

Bas-reliefs, en plâtre, Portraits de BREDIN père, ancien Directeur de l'École vétérinaire de Lyon ; — de BOURGELAT ; — de CHINARD, Statuaire.

Deux Taureaux, en plâtre ; — un Cheval écorché, en plâtre.

Échelles et Corps de Bibliothèque.

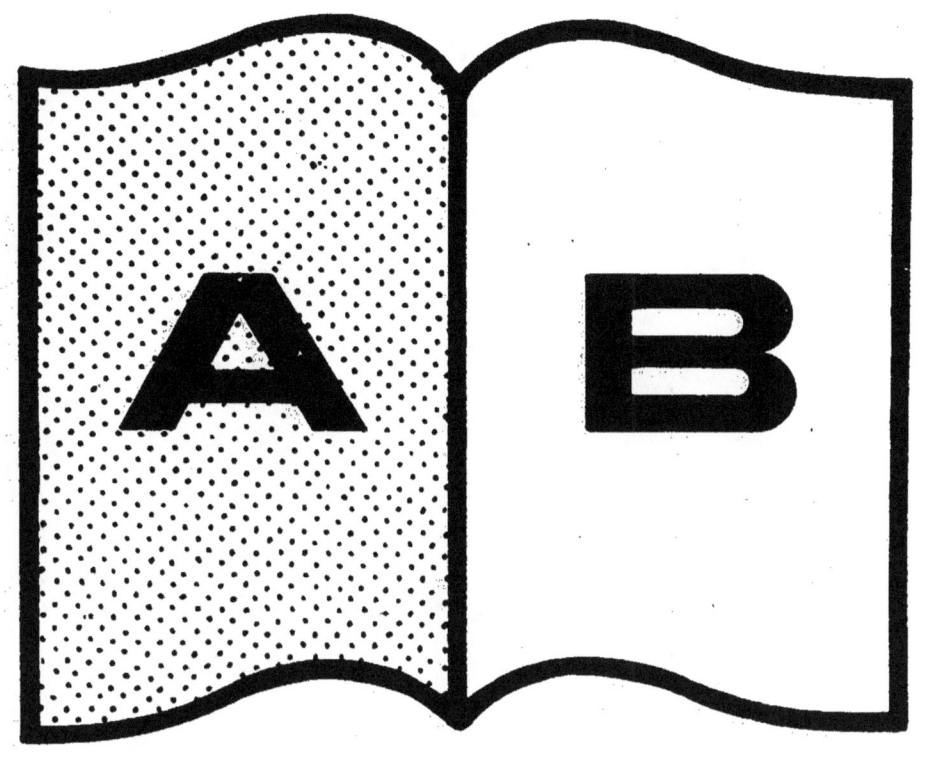

Contraste insuffisant

NF Z 43-120-14

www.ingramcontent.com/pod-product-compliance
Lightning Source LLC
Chambersburg PA
CBHW060946050426
42453CB00009B/1141